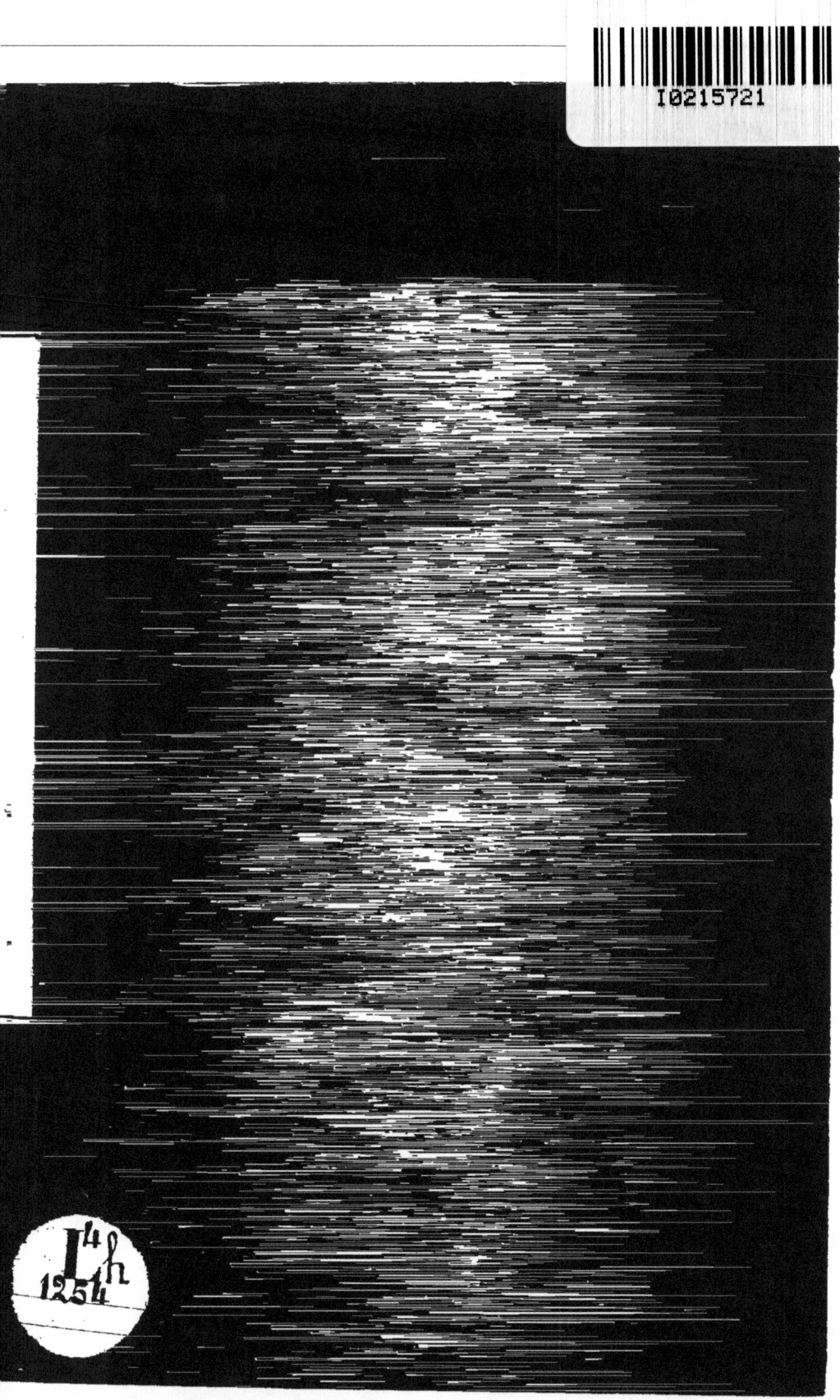

# STATUTS & RÈGLEMENT

DE LA

# SOCIÉTÉ INTERNATIONALE

## DES BLESSÉS MILITAIRES

LYON

IMPRIMERIE DU SALUT PUBLIC

Bellon, rue de Lyon, 33.

1870

Dans sa séance du 25 octobre 1870, le Comité sectionnaire Lyonnais a décidé qu'il serait imprimé un livret contenant les résolutions premières, les statuts, conventions et le décret qui ont concouru à la création de la Société internationale de secours aux blessés militaires. Son but est de donner la plus grande publicité possible à une des œuvres les plus louables de la civilisation moderne, et de faciliter la formation de comités auxiliaires.

Une Commission chargée de réunir tous les documents nécessaires a été choisie au sein du Conseil.

    MM. le comte d'ESPAGNY, *Président*.
          Léonce de CAZENOVE.
          DESGRANGES.
          CHANAL.
          Léon RIEUX.
          Albert FITTLER.
          Louis SAINT-OLIVE, *Rapporteur*.

# SOCIÉTÉ INTERNATIONALE

DES

# BLESSÉS MILITAIRES

## I.

Il était réservé à M. Henry Dunant, de Genève, d'attacher son nom à une grande œuvre : la Société internationale et universelle de secours aux blessés militaires. Emu par les souffrances qu'eurent à supporter les blessés de la guerre d'Italie, il conçut le noble projet d'adoucir leurs maux autant qu'il serait possible, aussi, s'adressant à tout l'univers, il demandait :

1° D'obtenir des gouvernements la neutralisation complète des services de santé ;

2° De former en tous pays des comités permanents chargés de préparer des secours pour l'éventualité d'une guerre ;

3° De former des corps d'hospitaliers volontaires.

M. Gustave Moynier, président de la Société d'utilité publique de Genève, s'empressa de faire connaître l'œuvre philantropique de M. Henry Dunant et par l'initiative de la Société, cette idée grandit. Le 26 octobre 1863 une conférence internationale, réunie à Genève, adoptait les résolutions suivantes :

## II.

## RÉSOLUTIONS

*De la Conférence internationale tenue à Genève le* 26 *octobre* 1863 (1).

La Conférence internationale, désireuse de venir en aide aux blessés dans le cas où le service de santé militaire serait insuffisant, adopte les résolutions suivantes :

### Article premier

Il existe dans chaque pays un Comité dont le mandat consiste à concourir en temps de guerre, s'il y a lieu, par tous les moyens en son pouvoir au service de santé des armées.

Le Comité s'organise lui-même de la manière qui lui paraît la plus utile et la plus convenable.

### Art. 2.

Des sections en nombre illimité peuvent se former pour seconder le Comité auquel appartient la direction générale.

### Art. 3.

Chaque Comité doit se mettre en rapport avec le

---

(1) Rapport du Comité central français 1863, page 44.

gouvernement de son pays pour que ses offres de service soient agréées, le cas échéant.

### Art. 4.

En temps de paix, les Comités et les Sections s'occupent des moyens de se rendre véritablement utiles; en temps de guerre, spécialement en préparant des secours matériels de tout genre et en cherchant à former et à instruire des infirmiers volontaires.

### Art. 5.

En temps de guerre, les Comités des nations belligérantes fournissent, dans la mesure de leurs armées respectives; en particulier ils organisent et mettent en activité les infirmiers volontaires, et ils font disposer, d'accord avec l'autorité militaire, des locaux pour soigner les blessés.

Ils peuvent solliciter le concours des Comités appartenant aux nations neutres.

### Art. 6.

Sur l'appel ou avec l'agrément de l'autorité militaire les Comités envoient des infirmiers volontaires sur le champ de bataille. Ils les mettent alors sous la direction des chefs militaires.

### Art. 7.

Les infirmiers volontaires employés à la suite des armées doivent être pourvus par leurs Comités respectifs de tout ce qui est nécessaire à leur entretien.

### Art. 8.

Ils portent dans tous les pays, comme signe distinctif uniforme, un brassard blanc avec une croix rouge.

### Art. 9.

Les Comités et les Sections des divers pays peuvent se réunir en congrès internationaux pour se communiquer leurs expériences et se concerter sur les mesures à prendre dans l'intérêt de l'œuvre.

### Art. 10.

L'échange des communications entre les Comités des diverses nations se fait provisoirement par l'entremise du Comité de Genève.

Telle fut la première forme que revêtit ce généreux projet. Une année ne s'était pas encore écoulée que les Délégués des Souverains de l'Europe signaient une Convention diplomatique dont voici le texte :

## III.

### CONVENTION DIPLOMATIQUE

*Signée le 22 août 1864 par les délégués des Souverains de l'Europe* (1).

S. A. R. le grand duc de Bade, S. M. le roi des Belges, S. M. le roi de Danemarck, S. M. la reine d'Espagne, S. M. l'empereur des français, S. A. R. le grand duc de Hesse-Darmstadt, S. M. le roi d'Italie, S. M. le roi des Pays-Bas, S. M. le roi de Portugal et des Algraves, S. M. le roi de Prusse, la Confédération Suisse, S. M. le roi de Wurtemberg également animés du désir d'adoucir, autant qu'il dépend d'eux, les maux inséparables de la guerre, de supprimer les rigueurs inutiles et d'améliorer le sort des militaires blessés sur les champs de bataille, ont résolu de conclure une convention à cet effet et ont nommé pour leurs plénipotentiaires, savoir (suivent les noms des honoraires et de leurs représentants.)

#### ARTICLE PREMIER.

Les ambulances et les hôpitaux militaires seront reconnus neutres et comme tels protégés et respectés

---

(1) *La Guerre et l'Humanité au* XIXe *Siècle*. par Léonce de Cazenove, page 32.

par les belligérants aussi longtemps qu'il s'y trouvera des malades ou des blessés.

La neutralité cesserait si ces ambulances ou ces hôpitaux étaient gardés par une force militaire.

### Art. 2.

Le personnel des hôpitaux et des ambulances comprenant l'intendance, les services de santé, d'administration, de transport des blessés, ainsi que les aumôniers, participera au bénéfice de la neutralité lorsqu'il fonctionnera et tant qu'il restera des blessés à relever ou à secourir.

### Art. 3.

Les personnes désignées dans l'article précédent pourront, même après l'occupation par l'ennemi, continuer à remplir leurs fonctions dans l'hôpital ou l'ambulance qu'elles desservent, ou se retirer pour rejoindre le corps auquel elles appartiennent. Dans ces circonstances, lorsque ces personnes cesseront leurs fonctions, elles seront remises aux avant-postes ennemis par les soins de l'armée occupante.

### Art. 4.

Le matériel des hôpitaux militaires demeurant soumis aux lois de la guerre, les personnes attachées à ces hôpitaux ne pourront, en se retirant emporter que les objets qui sont leur propriété particulière. Dans les mêmes circonstances, l'ambulance conservera son matériel.

## Art. 5.

Un drapeau distinctif et uniforme sera adopté pour les ambulances, les hôpitaux et les évacuations. Il devra être en toute circonstance accompagné du drapeau national.

Un brassard sera également admis pour le personnel neutralisé, mais la délivrance en sera laissée à l'autorité militaire.

Le drapeau et le brassard porteront croix rouge sur fond blanc.

## Art. 6.

Les militaires blessés et malades seront recueillis et soignés à quelque nation qu'ils appartiennent.

Les commandants en chef auront la faculté de remettre immédiatement aux avant-postes ennemis les militaires ennemis blessés pendant le combat, lorsque les circonstances le permettent, et du consentement des deux parties.

Seront renvoyés dans leur pays, ceux qui, après guérison, seront reconnus incapables de servir, les autres pourront être également renvoyés, à la condition de ne pas prendre les armes pendant la durée de la guerre.

Les évacuations, avec le personnel qui les dirige, seront couvertes par une neutralité absolue.

## Art. 7.

Les habitants du pays qui porteront secours aux blessés seront respectés et demeureront libres.

Les généraux des puissances belligérantes auront pour mission de prévenir les habitants de l'appel fait à leur humanité, et de la neutralité qui en sera la conséquence.

Tout blessé recueilli et soigné dans une maison y servira de sauvegarde. L'habitant qui aura recueilli chez lui des blessés sera dispensé du logement des troupes ainsi que d'une partie des contributions de guerre qui seraient imposées.

### Art. 8.

Les détails d'exécution de la présente Convention seront réglés par les commandants en chef des armées belligérantes, d'après les instructions de leurs gouvernements respectifs et conformément aux principes généraux énoncés dans cette Convention.

### Art. 9.

Les hautes puissances contractantes sont convenues de communiquer la présente Convention aux gouvernements qui n'ont pu envoyer des plénipotentiaires à la conférence internationale de Genève, en les invitant à y arriver : le protocole est à cet effet laissé ouvert.

### Art. 10.

La présente Convention sera ratifiée, et les ratifications en seront échangées à Berne dans l'espace de quatre mois, ou plus tôt si faire se peut.

En foi de quoi les plénipotentiaires respectifs

l'ont signée, et y ont apposé le cachet de leurs armes.

Fait à Genève, le vingt-deuxième jour du mois d'août de l'an mil huit cent soixante-quatre.

Ont adhéré postérieurement à cette Convention :

> Le Gouvernement de S. M. LA REINE DE LA GRANDE-BRETAGNE ET D'IRLANDE.
> S. M. LE ROI DE SUÈDE ET DE NORWÉGE.
> S. M. LE ROI DE GRÈCE.
> S. M. LE ROI DE BAVIÈRE.
> S. A. R. LE GRAND DUC DE MECKLEMBOURG-SCHWERIN.
> S. M. I. L'EMPEREUR D'AUTRICHE.

L'Empereur Napoléon III ayant autorisé la création d'un Comité central en France, par la lettre en date du 21 décembre 1863, un fondateur de l'Œuvre Internationale, ce dernier forma aussitôt un Comité provisoire à Paris, qui eut une première réunion le 25 mai 1864 ; enfin la Société se constituait dans sa séance du 11 mars 1865 en Comité central Français, et arrêtait les Statuts généraux ci-après :

## IV.

## STATUTS

*De la Société de Secours aux blessés des armées de terre et de mer* (1).

### Article premier.

La Société a pour objet de concourir par tous les moyens en son pouvoir au soulagement des blessés et des malades sur les champs de bataille, dans les ambulances et dans les hôpitaux.

### Art. 2.

Elle se compose de membres fondateurs qui souscrivent pour une souscription annuelle de 30 fr., et de membres souscripteurs dont la souscription annuelle ne peut être inférieure à 6 fr.

Les Dames peuvent à ce double titre en faire partie.

### Art. 3.

La Société adhère aux principes généraux énoncés dans la Conférence Internationale de 1863, et dans la Convention signée à Genève le 22 août 1864.

### Art. 4.

La haute direction des travaux de la Société est

---

(1) *Loco citato*, page 149.

confiée à un Conseil siégeant à Paris, sous la présidence honoraire de LL. Exc. les Ministres de la guerre et de la marine. Ce Conseil est composé de cinquante membres élus par l'Assemblée générale des Fondateurs, pour cinq ans, et toujours rééligibles.

Il est renouvelé chaque année par cinquième.

Il nomme un Président, des Vice-Présidents, un Secrétaire général et un Trésorier.

### Art. 5.

Le Conseil nomme pour trois ans un Comité d'administration de vingt-cinq membres. Ces membres peuvent toujours être réélus.

### Art. 6.

Le Comité organise tous les moyens d'action, en personnel et en matériel. Il dirige l'instruction de ses agents, pourvoit à tous leurs besoins, sur les divers points où ils sont appelés ; il reçoit les dons et secours, et il en fait l'emploi selon les nécessités du service. Il correspond avec les Ministres pour obtenir l'adoption des mesures qui intéressent la marche de l'Œuvre.

### Art. 7.

Le Comité se réunit une fois par mois, ou plus souvent si les travaux de la Société l'exigent.

En cas d'absence du Président ou des Vice-Présidents, le membre le plus âgé préside la séance.

La présence de six membres suffit pour délibérer.

### Art. 8.

Toutes les fonctions du Conseil et du Comité sont gratuites.

### Art. 9.

Les ressources de la Société se composent du revenu de ses biens de toute nature, du produit des cotisations annuelles des fondateurs et des souscripteurs, des dons et des legs qu'elle est autorisée à accepter, des offrandes de diverses natures qui lui sont adressées, et enfin des subventions qui pourraient lui être accordées.

### Art. 10.

Le Trésorier de la Société est chargé de la comptabilité et de la caisse.

### Art. 11.

Les fonds disponibles seront déposés, au choix du Conseil, dans un établissement financier dont le gouverneur est nommé par l'empereur, ou dont le directeur ou le président du Conseil d'administration est nommé par le gouvernement. Les excédants de recettes, qui ne seront pas nécessaires aux besoins et au développement de la société, seront placés en rentes sur l'Etat, ou en obligations de chemin de fer français.

### Art. 12.

Un règlement arrêté par le Conseil détermine les conditions de l'administration intérieure, et toutes les dispositions de détails propres à assurer l'exécution des statuts.

### Art. 13.

Le compte-rendu moral et financier de l'Œuvre est présenté chaque année, en assemblée générale, aux fondateurs convoqués spécialement à cet effet.

Ce compte-rendu est adressé aux ministres de la guerre, de la marine et de l'intérieur.

### Art. 14.

Aucune modification ne pourra être apportée aux présents statuts sans l'autorisation du gouvernement.

Voici le texte du décret reconnaissant la Société de Secours aux blessés militaires des armées de terre et de mer comme établissement d'utilité publique.

## V.

## TEXTE

*Du Décret impérial rendu à la date du 23 Juin 1866 (1).*

« Napoléon,

« Par la grâce de Dieu et la volonté nationale,
« empereur des Français,
« A tous présents et à venir, salut.
« Sur le rapport de notre Ministre secrétaire d'Etat au département de l'intérieur.
« Vu la demande formée au nom de la Société de secours aux blessés militaires des armées de terre et de mer et les statuts de l'œuvre »
Notre Conseil d'Etat entendu,
Avons décrété et décrétons ce qui suit :

### Article premier.

Est reconnu comme établissement d'utilité publique l'œuvre fondée en France sous la dénomination de *Société de secours aux blessés militaires des armées de terre et de mer*, dont le but est de concourir au

(1) *Loc. cit.* page 153.

soulagement des blessés et des malades sur les champs de bataille, dans les ambulances et dans les hôpitaux.

## Art. 2.

Sont approuvés les statuts de la Société tels qu'ils sont annexés au présent décret.

## Art. 3.

Fait au palais des Tuileries, le 23 juin 1866.

*Signé :* NAPOLÉON.

Par l'Empereur,

*Le ministre secrétaire d'État au département de l'intérieur,*

*Signé :* LA VALETTE.

Outre les statuts généraux de la Société, il fut créé encore un règlement intérieur pour la régir.

## VI.

## RÈGLEMENT INTÉRIEUR

*De la Société de Secours aux Blessés militaires* (1)

### Article premier.

La Société de secours aux blessés militaires est destinée à devenir, en temps de guerre, l'auxiliaire du service sanitaire dans les armées de terre et de mer.

Elle forme en quelque sorte la réserve de ce service.

### Art. 2.

La Société recueille, pendant la paix, au moyen de souscriptions les ressources nécessaires pour se trouver en mesure d'agir dès le début des hostilités.

Elle accepte, en outre, les dons qui lui sont adressés, les legs qui lui sont faits et en général toute espèce d'offrande.

### Art. 3.

Le Comité central de la Société a son siége dans Paris.

(1) *Loc. cit.* page 156.

Il provoque en France et dans toutes les possessions françaises la formation de Comités sectionnaires en nombre illimité. Il s'efforce également de former des Comités de Dames.

Les Comités nomment leur Président; les nominations sont soumises au Comité central qui les confirme par l'envoi d'un diplôme.

Douze places sont réservées dans le Conseil d'administration pour les représentants des Comités sectionnaires et six pour les Dames désignées par les Comités dont elles font partie.

Au commencement de chaque année, les Comités sectionnaires et les Comités de Dames envoient au Comité central un compte-rendu de leurs travaux et un exposé de leur situation financière.

Chacun de ces Comités est tenu d'adresser à la même époque au Comité central le cinquième des souscriptions qu'il a pu recueillir pendant l'année.

Cette cotisation est placée en rentes sur l'Etat ou en obligations de chemins de fer français et forme le fonds de réserve de la Société. Les revenus en sont ajoutés au capital d'année en année.

## Art. 4.

En temps de guerre, le Comité central dispose seul de tous les fonds de la Société. Il doit, toutefois, mentionner avec soin la provenance des dons en argent et nature qu'il distribue.

## Art. 5.

Pendant la paix, chaque Comité a la libre disposition des fonds qu'il a recueillis, sous la réserve du versement mentionné à l'article 3.

Le but de la Société étant de seconder aussi bien pendant la paix que pendant la guerre, l'action administrative, ces fonds seront exclusivement appliqués à des achats de matériel ;

A la préparation d'un personnel hospitalier ;

Au soulagement des souffrances et des infortunes, suite des guerres ou d'épidémies en campagne.

## Art. 6.

A la fin de chaque année, le Président convoque une Assemblée générale de tous les membres souscripteurs.

Il est donné à l'avance la plus grande publicité possible à cette réunion.

Indépendamment de cette réunion annuelle, le Président convoquera des Assemblées extraordinaires toutes les fois qu'il le jugera nécessaire.

Le Comité soumet à l'examen et à la sanction de l'Assemblée générale le compte-rendu général et financier de l'année précédente.

L'Assemblée générale prend ses décisions à la majorité des voix présentes. Dans le cas de partage égal des suffrages, la voix du Président emportera le vote.

Les rapports qui auront été lus et les décisions qui seront prises en Assemblée générale, devront être insérées dans le Bulletin qui est publié par la Société.

### Art. 7.

La Société adopte pour sceau un écusson blanc avec croix rouge, dite octogone, entourée d'un ruban sur lequel est écrit le titre de la Société.

En temps de guerre, tout le matériel distribué par les Sociétés de secours porte la marque de la Société.

Les personnes envoyées par la Société à la suite des armées ou des flottes portent, comme signe distinctif au bras gauche, un brassard blanc avec croix rouge dite octogone.

Tous les dépôts, ambulances, hôpitaux, navires, embarcations, et établissements quelconques, appartenant à la Société, seront surmontés d'un drapeau analogue.

Des mesures sont prises par le Comité central, d'accord avec le ministre de la guerre et le ministre de la marine, les généraux commandant les armées et les amiraux commandant les escadres, pour qu'il ne puisse être fait abus de ce signe distinctif.

Le pavillon de la Société est accordé aux bâtiments et aux embarcations de plaisance qui en font la demande.

## Art. 8.

Lorsque l'armée ou la flotte est mise sur pied de guerre, le Comité central, après s'être concerté avec le ministre de la guerre ou de la marine, convoque le Conseil.

Un appel est immédiatement adressé par tous les moyens possibles de publicité, à la nation tout entière, pour provoquer des dons de toute nature destinés à soulager les malades et les blessés des flottes en campagne.

Un service d'infirmiers volontaires est immédiament organisé.

Il est également fait un appel aux ecclésiastiques de tous les cultes, pour qu'ils viennent apporter aux blessés et aux malades les secours et les consolations de la religion.

## Art. 9.

Les corps d'armée ou les escadres étant formés, le Comité central délègue auprès du commandant en chef et de chaque commandant de corps d'armée ou d'escadre, un de ses membres, dont le choix est sanctionné par le Conseil.

Ces délégués correspondent directement avec le Comité central.

Ils ont pour mission de préparer l'établissement des ambulances et de tout ce qui sera nécessaire.

aux besoins des malades et des blessés. Ils veillent à l'emploi des ressources qui leur sont fournies par la Société.

Le personnel des infirmiers volontaires est placé sous les ordres de ces délégués.

Ils doivent chercher par tous les moyens possibles à améliorer l'état des malades et des blessés, et se concerter avec les chefs de service de santé pour faciliter le service.

### Art. 10.

Dès le commencement des hostilités, le Comité central s'efforce d'établir, à proximité du théâtre de la guerre tous les moyens d'action en personnel et en matériel.

### Art. 11.

La guerre terminée, les délégués adresseront au Comité central un compte-rendu détaillé de leurs actes, des dépenses qui ont été effectuées et des résultats obtenus pendant leur administration.

Dans l'espace de six mois après la conclusion de la paix, le président convoquera une Assemblée générale, à laquelle sera présenté un rapport détaillé sur les opérations de la Société pendant la guerre.

Tous les dons faits à la Société, les cotisations des membres fondateurs et souscripteurs, ont surtout pour but de former un fonds de réserve, dont l'emploi en temps de paix, prévu à l'article 11 des Statuts, est consacré à l'acquisition du matériel de la Société et des objets en nature indispensables au soulagement des blessés, lorsque le moment d'agir est venu.

## VII.

La Société française progresse rapidement, le Comité de Paris songe à étendre son action, en instituant des Comités sectionnaires dans le reste de la France.

Mais Lyon n'avait pas attendu cet appel. Dès l'année 1866, avant l'envoi de la Circulaire de M. le ministre de l'intérieur, M. Léonce de Cazenove, qui s'était voué à cette œuvre, réunissait un premier noyau de souscripteurs et fondait un Comité.

### STATUTS

*Du Comité sectionnaire lyonnais* (1).

Pour répondre à l'appel du Comité central français siégeant à Paris,

Vu les résolutions de la conférence internationale européenne, tenue à Genève en octobre 1863;

Vu la convention internationale adoptée par le Congrès diplomatique réuni à Genève au mois d'août 1864 :

---

(1) *Rapport* de M. Léonce de Cazenove, *au Comité Lyonnais*, 1866, page 68.

Et vu l'appel adressé directement à la ville de Lyon par le Comité international de Genève, l'Assemblée préparatoire, réunie à Lyon, a adopté les résolutions suivantes :

### Article premier.

Il existe à Lyon un Comité sectionnaire, qui adhère aux résolutions émises par le Comité central français et adopte en principe les Statuts dudit comité, dont il accepte la direction supérieure et avec lequel il correspond. Le Comité lyonnais a pour objet de concourir par tous les moyens en son pouvoir au soulagement des militaires blessés ou malades, sur les champs de bataille et dans les hôpitaux.

### Art. 2.

Le Comité lyonnais provoquera la formation de Comités auxiliaires qui correspondront avec lui et adopteront sa direction.

### Art. 3.

Le Comité lyonnais adhère aux principes généraux adoptés par les délégués des puissances européennes, réunies à Genève en conférence internationale au mois d'octobre 1863 et spécialement aux principes sanctionnés par le traité de Genève.

## Art. 4.

Le Comité lyonnais et les Comités auxiliaires s'occupent en temps de paix des moyens de se rendre utiles en temps de guerre, en préparant des secours en tous genres.

## Art. 5.

Le Comité lyonnais est composé de la manière suivante :

>   Trois Présidents honoraires ;
>   Un Président ;
>   Trois Vice-Présidents :
>   Un Secrétaire général ;
>   Deux Secrétaires du Bureau ;
>   Un Trésorier ;
>   Vingt et un Membres.

Le nombre des Sociétaires est illimité.

Il provoquera la formation d'un Comité auxiliaire de Dames.

## Art. 7.

Tous les membres du Comité lyonnais et des Comités auxiliaires paient annuellement une cotisation de six francs.

Les dons en argent ou en nature provenant, soit de personnes faisant partie de la Société, soit de personnes étrangères à la Société, seront reçus avec reconnaissance.

## VIII.

Les hostilités venaient à peine de commencer que déjà deux appels chaleureux étaient faits à la bienfaisance lyonnaise; l'un par la Société de secours aux blessés; l'autre par la presse de notre ville. Mais on comprit bien vite qu'une double action, loin d'être avantageuse aux victimes, pouvait leur être nuisible par les abus qu'entraîneraient des demandes faites simultanément aux deux centres de secours. La fusion en une seule caisse de tous les fonds recueillis parut donc nécessaire; seulement pour conserver aux divers donateurs une influence légitime dans la distribution des dons, on créa, d'un commun accord, un Comité répartiteur composé, d'une part, des principaux souscripteurs, et d'autre part, de membres pris au sein de la Société de secours aux blessés militaires.

## COMITÉ RÉPARTITEUR

Ce Comité est chargé de la répartition des secours.

| | |
|---|---|
| *Président,* | MM. Arlès-Dufour. |
| *Vice-Président,* | Monet, directeur de la succursale de la Banque. |
| *Secrétaire,* | Chabrières-Arlès. |
| *Trésorier,* | Rolland (Henri), directeur de la Société générale. |
| | Burlat, prud'homme. |
| | Léonce de Cazenove, secrétaire général de la Société internationale des blessés. |
| | Desgeorge, Alphonse. |
| | Ducarre, membre du Conseil municipal. |
| | Comte d'Espagny, trésorier général, président de la Société internationale des blessés. |
| | Fuzy, ingénieur civil. |
| | Grassis, direct. du *Salut Public*. |
| | Garnier, directeur de la *Décentralisation*. |
| | Jouve, directeur du *Courrier de Lyon*. |
| | Lambrecht, teneur de livres. |

MM. Maréchal, entrepreneur, président de la Chambre syndicale.
Robert, directeur de la Société Lyonnaise.
Véron, directeur du *Progrès*.
Brossy, secrétaire du Comité.

# COMITÉ SECTIONNAIRE LYONNAIS

### COMITÉ DIRECTEUR

Le Comité sectionnaire Lyonnais est chargé de la direction générale des travaux de la Société et de la nomination des fonctionnaires.

*Présidents honoraires*
- S. Em. l'Archevêque de Lyon.
- M. le Général commandant la division de Lyon.
- M. le Préfet du Rhône.

*Président,* M. le comte d'Espagny,

*Vice-Présidents,*
- MM. Chabrières-Arlès.
- Le docteur Desgranges.
- Félix Jacquier.

*Secrétaire général,* Léonce de Cazenove.

*Secrétaires-adjoints,*
- Albert Fittler.
- Joseph-Régis Cottin.

*Trésorier,* Jules Rolland.

MEMBRES :

MM. AYNARD, Edouard.
BAUDRIER.
DE CAZENOVE, Raoul.
CHANAL, F.
CAMBEFORT, Jules.
DESGEORGE, Alphonse.
Le docteur GAYET,
KUPPENHEIM, Joseph.
MORIN-PONS, Henri.
Le docteur OLLIER.
ONOFRIO.
PIATTON.
Le docteur RAMBAUD.
Le docteur RIEUX, Léon.
Le docteur RIVAUD LANDRAU.
Le docteur ROLLET.
ROE Charles.
SAINT-OLIVE Louis.
Le docteur TEISSIER.
VERNET, Edmond.
ZURCHER.

## SECRÉTARIAT GÉNÉRAL

DE LA SOCIÉTÉ DE SECOURS AUX BLESSÉS

MM. Léonce de Cazenove, *secrétaire général.*
　　Albert Fitler.
　　Joseph-Régis Cottin. } *Secrétaires.*
　　Le docteur Louis Lortet.
　　Henri Morin-Pons. } *Secrétaires adjoints.*
　　Henri Vachon, avocat.
　　Jules Forest, *secrétaire* du Comité général des Dames.
　　Reignier, *délégué* pour la réception des dons en linge, charpie, etc.
　　Bertaud, *caissier* du Comité de secours.
　　Alexis Carrel, *caissier* du secrétariat.
　　Bienvenu, *délégué* pour la réception des dons en liquide.
　　Liquier père.
　　Liquier Fernand.
　　Fitler Paul.
　　Bertaud Henri.

Pour les ambulances volantes en face de l'ennemi le drapeau de la Convention doit être accompagné du drapeau national. Dans les villes le drapeau national est inutile.

Le brassard doit être revêtu, à l'extérieur, du cachet de l'intendance et de celui de la Société ; sur l'autre face, il doit avoir la signature du Président du Comité sectionnaire lyonnais, ainsi que celle du porteur. En dehors de Lyon, les brassards ne seront délivrés que sur la demande des Comités auxiliaires.

En même temps se formèrent avec l'établissement des ambulances, de nouvelles Commissions.

### COMMISSION DES AMBULANCES SÉDENTAIRES

La Commission est chargée de l'*organisation matérielle* et de la *direction des ambulances.*

L'organisation matérielle des ambulances, comprend :

1° Le choix des locaux, leurs conditions hygiéniques, le nombre de lits qu'ils peuvent contenir, la disposition des dépendances pour tous les détails du service.

2° L'installation du matériel dans chaque ambulance, et, au besoin, les achats nécessaires pour ajouter au mobilier offert par la bienfaisance privée.

3° Les rapports avec l'intendance militaire pour l'admission et le séjour dans les ambulances.

La *direction des ambulances* est confiée à des délégués de la Commission administrative.

Les *directeurs d'ambulance* président à l'organisation matérielle des locaux confiés à leurs soins ; ils veillent à la régularité des différentes branches du service.

### UNE COMMISSION MÉDICALE

La Commission a pour attributions :

1° L'organisation des ambulances volantes destinées à secourir les soldats blessés sur les champs de bataille.

2° L'organisation des ambulances mobiles de siége chargées de se porter aux divers lieux du combat, dans le cas où Lyon serait investi.

3° Les soins à domicile aux victimes de la guerre.

Des Dames voulurent bien aussi apporter leur part de dévoûment à l'Œuvre, elles formèrent des Comités et se répartirent les quêtes, les visites des familles à domicile, la distribution des secours à domicile, et le classement des envois de linge et de charpie.

Ce n'est point un compte-rendu que la Commision s'est proposée de livrer à la publication, mais simplement un aperçu de son organisation.

Plus tard elle donnera un rapport détaillé des actes de la Société, des dépenses qui ont été faites et des résultats obtenus ; elle y joindra une liste complète des membres actifs et des membres souscripteurs de l'Œuvre.

---

## INSTRUCTIONS

*relatives aux Insignes de la Convention de Genève*

(Extrait du *Journal Officiel*)

« Le public ne se rend pas compte des conditions
« qui régissent l'usage du drapeau et des insignes
« de la Convention de Genève. Cette Convention
« est un contrat international dont l'efficacité est
« subordonnée à la rigoureuse exécution des clauses
« souscrites par les nations contractantes.

(1) *In Petit Moniteur universel*, édition de Tours, 29 septembre 1870, p. 37.)

« Ainsi, deux conditions essentielles doivent être
« réalisées pour constituer une ambulance qui
« puisse être protégée par la Convention : il faut
« que l'ambulance contienne réellement des malades
« ou des blessés (art. 1$^{er}$ de la Convention) ; il faut
« surtout que l'ambulance soit ouverte sans distinc-
« tion aux blessés des deux nations belligérantes
« (art. 6).

« Ces règles sont absolues, et comme le drapeau
« de la Convention de Genève, pour conserver son
« efficacité protectrice ne doit pas être prodigué,
« le gouvernement a décidé, sur la proposition de
« la Commission centrale d'hygiène, en premier
« lieu que les ambulances contenant six lits seraient
« seules admises à arborer le drapeau de la Con-
« vention, en second lieu que le drapeau devrait
« porter la double estampille de la Société inter-
« nationale et du ministère de la guerre, et que le
« propriétaire du local devrait être muni d'une
« carte nominative comme celle qui est délivrée
« aux personnes qui portent le brassard de Genève.

« Le Gouvernement rappelle au public que le
« port illégal des insignes de la Convention de
« Genève est un délit. »

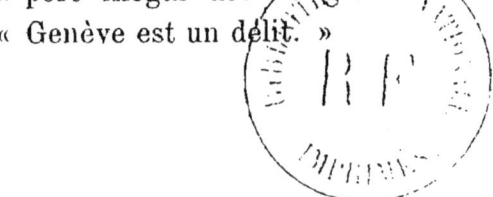

Imprimerie Bellou.

www.ingramcontent.com/pod-product-compliance
Lightning Source LLC
Chambersburg PA
CBHW060941050426
42453CB00009B/1105